다음 세대를 변화시키는 기도

당신의 자녀를 위한
다섯 가지 기도

5 things to pray for your kids

멜리사 B. 크루거

서로사랑

당신의 자녀를 위한 다섯 가지 기도

1판 1쇄 발행 _ 2019년 7월 15일

지은이 _ 멜리사 B. 크루거
옮긴이 _ 안은주

펴낸이 _ 이상준
펴낸곳 _ 서로사랑
이메일 _ publication@seorosarang.co.kr

등록번호 _ 제21-657-1
등록일자 _ 1994년 10월 31일

주소 _ 서울시 서초구 방배중앙로16 완원빌딩 5층
전화 _ (02)586-9211~3
팩스 _ (02)586-9215
홈페이지 _ www.seorosarang.co.kr

ⓒ 서로사랑 2019
ISBN _ 978-89-8471-338-3 03230

추 천 사

"멜리사 크루거는 다양한 성경 구절을 인용해서 매일의 기도문을 제시하며 우리 아이들을 위해 필요한 기도가 무엇인지를 안내해 줍니다. 당신 이 이 책을 사용하는 것은 물론이고, 교회나 공동체에 있는 다른 부모에게도 전해 주고 싶게 될 것입니다. 강력하게 추천합니다."

메건 힐(Megan Hill)
*Praying Together*의 저자이자 세 아이의 어머니

"그동안 아이들을 위해 판에 박힌 기도를 한 적이 많았습니다. 그렇기에 이렇게 새롭고 참신한 책이 나왔다는 것에 감사함을 느낍니다. 책의 구성은 깔끔하고 성경적인 뼈대를 갖추었으며, 기도문은 간결합니다. 우리 자신과 아이들, 그리고 그리스도의 영광에 대한 영원한 가치가 담겨 있는 책입니다."

맷 스메트허스트(Matt Smethurst)
복음 연합(The Gospel Coalition)의 편집장이자
*1-2 Thessalonians: A 12-week study*의 저자

"멜리사의 책은 우리가 아이들을 위해 기도하며 사용할 수 있도록 고안된 매우 성경적이며 유용한 도구입니다! 친척이나 교회의 다른 부모님들과 조부모님들에게도 이 책을 전해 주고 싶습니다."

크리스틴 후버(Christine Hoover)
*Messy Beautiful Friendship, Searching for Spring*의 저자

"이 책은 부모와 모든 기독교 가정에 격려를 주는 대단한 자산입니다. 이 책으로 아이들을 위해 구체적이고 세심한 기도를 할 수 있습니다. 또한 아동 부서에서 사역하는 사람들은 매주 사역하는 곳에서 아이들을 위해 기도할 때 굉장한 도움을 받게 될 것입니다. 이 책으로 인해 우리 모두가 다음 세대를 위해 진심으로 기도하게 되길 기원합니다."

스티븐 콘디(Steven Condy)
어린이전도협회(Child Evangelism Fellowship)

"이 책은 교회에게 주는 선물입니다. 처음으로 부모가 된 저와 아내가 우리 아들의 다양한 삶의 측면을 위해 기도할 수 있게 도움을 준 책입니다."

필립 홈즈(Phillip Holmes)
개혁신학대학교 커뮤니케이션 마케팅 책임자

"이 책은 어린이 신도들을 위해 멈추지 않고 기도할 수 있도록, 교회를 다니는 부모와 어린이 부서 지도자들 모두가 읽어야 하는 책입니다."

루스 브롬리(Ruth Bromley)
아일랜드 장로교회 어린이 개발부 책임자

"우리는 아이들의 미래가 우리 손에 달렸다고 생각하기 쉬운 헬리콥터 부모의 시대에 살고 있습니다. 멜리사 크루거는 우리가 거쳐야 하는 모든 실용적인 단계를 제시합니다. 우리는 이 단계를 통해 선(善)으로 세상을 다스

리시는 그분에게 다가갈 수 있습니다. 결국 아이들을 위해 우리 손으로 할 수 있는 최선의 행동은 두 손을 모아 기도하는 것이기 때문입니다."

한나 앤더슨(Hannah Anderson)
*All that's good*의 저자이자 세 아이의 어머니

"멜리사 크루거가 쓴 이 책은 우리가 양육의 시기를 지나는 동안 하나님의 말씀인 성경 구절을 가지고 기도하게 도와줍니다. 기도하는 부모로서 본보기가 되어 우리 자신과 아이들 모두가 하나님에게 헌신할 수 있다면, 우리가 아이에게 줄 수 있는 것 중에서 이보다 더 위대한 선물이 과연 있을까요?"

이반 메사(Ivan Mesa)
복음 연합의 출판 편집자

"부모라면 누구나 원하고 목표하는 것들이 있습니다. 멜리사 크루거의 이 책은 그 목표를 겨냥해 이해하기 쉽게 기술된 기도 입문서입니다. 이곳에 제시된 기도는 현실과 신학 사이에서 날카로운 균형을 유지하고 있습니다. 이 책을 읽으면 우리의 눈과 마음이 영원한 빛 가운데 사시며 우리 아이들을 길러 주시는 단 하나의 소망 되신 하나님에게로 향하게 될 것입니다."

캐런 호지(Karen Hodge)
미국장로교회 여성 선교부 관리자

목 차

서 문

언젠가 엄마가 이런 말씀을 하셨다. 기도하는 법을 배우는 것은 다른 언어를 배우는 것과 같고, 가정에서 정기적으로 기도하는 부모 밑에서 자란 아이에게 기도는 마치 태어날 때부터 접하게 되는 모국어처럼 자연스럽게 느껴진다고, 그래서 기도하기를 뒤로 미루다 보면 점점 배우기 어려워진다고 말이다. 기도하는 법을 배울 수 없다는 것은 아니다. 하지만 자연스럽게 느껴지기까지는 많은 시간이 필요할 것이다.

그래서 나는 기도하는 부모님 밑에서 자라게 된 것에 늘 감사하게 생각한다. 어린 시절 나는 기도는 무엇이며 어떻게 해야 하는지를 배웠다. 나는 교회에서, 학교에서, 식사 시간은 물론이고 가정 예배에서 다른 사람들과 함께 기도했다. 그게 나라는 사람의 일부분이었고, 그렇게 사는 것이 당연하다고 여겨졌다. 기도 가운데서 배우고 자랐던 지난 17년을 되돌아보며 나는 부모님이 나를 위해, 나와 함께 기도해 주신 것이 어떤 영향을 주었는지 깨달을 수 있었다.

그렇다고 우리 부모님이 어떻게 기도해야 하는지를 따로 가르쳐 주셨다는 말은 아니다. 안내서라든가 비디오 강의, 훈계가 있었던 것도 아니었다. 그저 부모님이 매일 기도하는 모습을 보고 배웠을 뿐이었다. 밤마다 아빠는 내 침대 옆에 앉아서 성경 이야기를 읽어 주시고 내 형제자매와 나를 위해 기도해 주시곤 했다. 그리고 아침에 학교에 가려고 아래층으로 내려가면 그때마다 엄마가 큐티를 마치고 기도 제목을 적으며 정리하는 모습을 볼 수 있었다. 나는 알았다. 엄마는 다른 기도도 하셨겠지만 늘 나를 위한 기도(하나님을 향한 지식과 사랑이 점점 자라나기를 바라신다는 기도)를 빼놓지 않았다는 것을 말이다. 어떤 면에서 보면 하나님은 우리 엄마의 기도에 대한 응답으로 엄마의 기도를 사용하신 것이다. 엄마가 매일 아침 홀로 주님과 함께하는 시간을 보며 나 또한 기도 시간을 최우선으로 놓았고 그 중요성을 알게 되었기 때문이다.

우리 부모님은 기독교 공동체 안에서 추구해야 할 것이 무엇인지를 몸소 가르쳐 주셨다. 기도는 사람 관계에 있어서 아주 중요한 역할을 한다. 그래서 나는 고등학교 친구들과 함께 이런 유형의 관계를 추구했다. 고통 받는 자들을 위해 기도하는 부모님을 보면서 나는 극심한 시험 가운데 있는 사람들에게 교회 공동체가 얼마나 중요한지를 이해하기 시작했다. 이제 나는 대학을 가기 위해 집을 떠날 준비를 하고 있다. 나는 우리 부모님이 나에게 보여 주신 것 같은 이러한 기도 공동체를, 서로가 서로를 돌보는 관계를 찾을 것이다.

기도는 하나님과의 동행에 있어 필수적인 부분이다. 나는 기도를 통해 어떻게 믿음이 굳건해지는지를 보아 왔다. 우리 부모님은 그런 면에서 꾸준히 나를 격려해 주셨다. 그분들이 우리 주 예수 그리스도와 인격적인 관계를 갖는 것이 무엇을 의미하는지 보여 주신 것, 그리고 나에게 기도에 대해 가르쳐 주시고 도와주신 것에 대해 나는 앞으로도 늘 감사한 마음을 품고 살아갈 것이다.

멜리사의 딸,

엠마 크루거(Emma Kruger)

이 책을 사용하는 방법

이 책을 통해 당신은 스물한 가지 상황에서 아이를 위해 기도하는 법을 배우게 될 것입니다. 아이는 당신의 아이일 수도 있고, (좀 더 넓게 적용해서) 손주 혹은 교회에서 알게 된 가정의 아이일 수도 있습니다. 스물한 가지 목록을 놓고 기도하는 것에는 각각 다섯 가지 포인트가 있습니다. 따라서 당신은 이 책을 다양한 방법으로 활용할 수 있을 것입니다.

- 하나의 주제로 묶인 '다섯 가지 목록'을 놓고 매일 기도합니다. 3주의 기간이 지나면 처음부터 다시 시작합니다.

- 한 주에 하나의 주제를 정해서 월요일부터 금요일까지 한 가지만 놓고 기도합니다.

- 가정에서 특별히 기도가 필요한 부분이 생기거나 기도 제목이 있다면 그 부분에 몰두해 기도하고 원할 때 끝마칩니다.

- 당신이 처한 상황이나 걱정을 구체적으로 적을 수 있게, 혹은 기도하며 기억하고자 하는 아이의 이름을 적을 수 있게 각 페이지에 빈칸이 마련되어 있습니다.

제시된 각각의 기도는 모두 성경 말씀에 기초해 만들어졌습니다. 따라서 하나님이 원하시는 좋은 기도를 하고자 하는 사람들은 이 책을 믿고 사용해도 될 것입니다. 이 모든 것이 바로 그분의 말씀에 근거한 것이기 때문입니다.

하나님이 우리 아이를
구원해 주시기를

에베소서 2장 8~10절

기도 제목

_____

_____

_____

_____

_____

하나님 아버지, 제 기도를 들으시고 오직 성령님만이 하실 수 있는 일들을 행하시길 기대합니다. 우리 아이를 도와주세요.

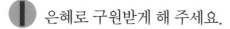 은혜로 구원받게 해 주세요.

"너희는 그 은혜에 의하여 믿음으로 말미암아 구원을 받았으니" (8절).

우리는 때로 우리 아이들을 완벽한 그리스도인으로 키우려면 우리 자신이 완벽한 부모가 되어야 한다고 생각할 때가 있습니다. 하지만 우리 아이들은 '완벽한 양육'에 의해서 구원받는 것이 아니라 하나님의 놀라우신 은혜로 구원받는다는 걸 기억하는 게 좋습니다. 하나님이 당신의 아이를 구원해 달라고 매일 기도하세요.

2 믿음이라는 선물을 받을 수 있게 해 주세요.

"믿음으로 말미암아 구원을 받았으니 이것은 너희에게서 난 것이 아니요 하나님의 선물이라" (8절).

오직 은혜와 믿음만으로 구원이라는 공짜 선물을 주시는 하나님을 찬양합시다! 아이들은 눈에 보이지 않는 것을 믿는 데 어려움을 느낄 수 있습니다. 하지만 믿음을 통해 영적인 시야와 이해력을 얻을 수 있습니다. 아이가 어릴 때부터 신앙을 갖고 복음의 메시지를 믿을 수 있게 해 달라고 기도하세요.

3 주님만을 자랑할 수 있게 해 주세요.

"행위에서 난 것이 아니니 이는 누구든지 자랑하지 못하게 함이라" (9절).

아이들은 자신이 성취한 것을 자랑하길 좋아합니다. 보란 듯이 그림에 색칠을 하거나 시험 성적이 잘 나온 걸 뽐내면서 말입니다. 그래서 아이들은 구원이라는 것이 공부나 다른 무언가를 잘해서 얻어지는 게 아니라는 걸 이해하기 힘들어합니다. 당신의 아이가 근본적인 복음의 메시지를 명확하게 이해하고 오직 주님만을 자랑할 수 있는 아이가 되게 해 달라고 기도하세요.

ㄴ 예수님처럼 성장할 수 있게 해 주세요.

"우리는 그가 만드신 바라 그리스도 예수 안에서 선한 일을 위하여 지으심을 받은 자니"(10절).

우리는 종종 아이들이 하는 행동 속에서 우리 자신의 모습이 얼마나 잘 드러나는지를 발견합니다. 하지만 아이들은 그 누구보다도 예수님의 모습을 드러내도록 창조된 존재입니다. 당신의 아이가 성장하면서 이 세상 속에서 예수님을 빛나게 하는 존재가 되게 해 달라고 기도하세요.

ㅁ 선한 일을 위해 준비되게 해 주세요.

"선한 일을 위하여 지으심을 받은 자니 이 일은 하나님이 전에 예비하사 우리로 그 가운데서 행하게 하려 하심이니라"(10절).

야고보는 "행함이 없는 믿음은 그 자체가 죽은 것이라"(약 2:17)는 말을 했습니다. 아이의 신앙이 넘쳐흘러 선한 일을 행함으로써 하나님에게 영광을 돌릴 수 있게 해 달라고 기도하세요. 저녁식사 후에 그릇 정리를 한다거나, 형제자매에게 친절하게 대해 준다거나, 혹은 도움이 필요한 친구를 위해 기도하는 행동들을 통해 아이들의 신앙이 드러나게 해 달라고 하나님에게 간구하세요.

하나님이 우리 아이를
성령의 열매로
채워 주시기를

갈라디아서 5장 22~23절

기도 제목

_____

_____

_____

_____

하나님 아버지, 우리 아이에게 다음과 같은 성령의 열매를 주시기를 기도합니다.

 사랑

"오직 성령의 열매는 사랑과" (22절).

성령으로 말미암아 우리에게 새로운 마음을 주시고 선한 열매를 맺게 하시는 하나님을 찬양합시다. 부모 된 우리는 아이들이 우리의 사랑을 통해 하나님의 놀라우신 사랑을 맛보기를 소망하게 됩니다. 아이들이 하나님의 사랑을 경험하면서 친구들과 장난감을 나누고, 아픈 친구에게 위로를 건네고, 혼자 있는 친구들에게 다가가고, 다른 사람들을 사랑할 수 있는 아이가 되게 해 달라고 기도하세요.

2 희락과 화평

"희락과 화평과"(22절).

예수님은 제자들에게 이렇게 말씀하셨습니다. "세상에서는 너희가 환난을 당하나"(요 16:33). 주님은 또한 제자들이 고난의 시간을 지나는 동안 예수님 자신이 희락과 화평의 원천이 되겠다고 말씀하셨습니다. 아이가 어떠한 상황에 처하든지 주님이 주시는 기쁨을 누리고, 우리의 지식으로는 이해할 수 없는 평안함을 품게 해 달라고 기도하세요.

3 오래 참음과 자비

"오래 참음과 자비와"(22절).

가족의 일원이 된다는 것은 오래 참음과 자비를 요구하는 일입니다. 한 공간에서 함께 살다 보면 서로에게 쉽게 화를 낼 수 있기 때문입니다. 당신 또한 아이에게 인내와 자비를 보여 줘야 한다는 것을 기억하세요. 그리고 사랑으로 다른 사람들을 인내하며 참아 주는 아이가 되게 해 달라고 기도하세요.

④ 양선과 충성

"양선과 충성과" (22절).

모든 좋은 것의 창조주 되시고 모든 일을 충실하게 행하시는 하나님을 찬양합시다. 아이들은 매일, 매 순간 무언가를 결정할 때 하나님의 방식대로 할지 아니면 자신의 방식대로 할지를 선택해야 합니다. 이제부터, 당신의 아이가 하나님의 말씀을 따라 충실하게 선한 일을 행하는 아이가 되게 해 달라고 기도하세요.

⑤ 온유와 절제

"온유와 절제니" (23절).

온유와 짝지어진 절제는 우리 모두가 아이들에게 바라는 성품입니다. 오늘날 아이가 무엇 때문에 절제와 씨름하는지를 생각해 보세요. 아이들은 짜증을 참는 것, 텔레비전이나 컴퓨터를 일정 시간 이상 못 보는 것, 혹은 부모님이 시키는 대로 하는 것 때문에 힘들어하고 있을지도 모릅니다. 아이들이 자제력을 가지고 옳은 일을 행하고 온유한 마음으로 순종할 수 있게 해 달라고 기도하세요.

하나님이 우리 아이를
굽어 살피시기를

시편 121편

기도 제목

_____

_____

_____

_____

하나님 아버지, 우리 아이를 위해 기도합니다.

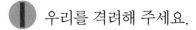 우리를 격려해 주세요.

"내가 산을 향하여 눈을 들리라 나의 도움이 어디서 올까 나의 도움은 천지를 지으신 여호와에게서로다" (1~2절).

부모가 된다는 것은 놀라운 선물입니다. 하지만 또한 어려운 일이기도 합니다. 우리가 매일 마주하게 되는 선택의 상황에서 도움을 줄 안내서 같은 건 없기 때문입니다. 우리가 도움이 필요할 때마다 의지할 수 있는 하나님을 찬양합시다! 우리의 모든 발걸음을 인도해 달라고, 그리고 좋은 양육자가 되게 이끌어 달라고 기도하세요.

2 우리를 굽어 살펴 주세요.

"여호와께서 너를 실족하지 아니하게 하시며 너를 지키시는 이가 졸지 아니하시리로다 이스라엘을 지키시는 이는 졸지도 아니하시고 주무시지도 아니하시리로다"(3~4절).

부모인 우리에게도 한계가 있기 마련입니다. 현대 기술의 도움에도 불구하고 (노력할 수는 있겠지만) 매 순간마다 아이들을 지켜보는 것은 불가능합니다. 언제나 아이들을 굽어보시는 하나님, 졸지도 주무시지도 않으시는 하나님에게 감사를 드립시다. 당신의 아이가 어디를 가든지, 무슨 일을 만나든지 하나님이 그들과 함께 계신다는 것을 알게 해 달라고 기도하세요.

3 안식처를 제공해 주세요.

"여호와는 너를 지키시는 이시라 여호와께서 네 오른쪽에서 네 그늘이 되시나니 낮의 해가 너를 상하게 하지 아니하며 밤의 달도 너를 해치지 아니하리로다"(5~6절).

우리 모두는 안식처가 필요합니다. 세상은 어렵고 외로운 곳이니까요. 아이가 삶에서 힘든 일을 마주할 때, 곧 마음이 상하거나 중한 질병을 갖게 되거나, 혹은 어떤 일의 결과가 고통스러울 때마다 주님에게 의지하며 주 안에서 안식을 발견할 수 있게 해 달라고 기도하세요.

4 환난을 면하게 해 주세요.

"여호와께서 너를 지켜 모든 환난을 면하게 하시며 또 네 영혼을 지키시리로다" (7절).

우리는 아이들을 안전하게 지키고 싶어 합니다. 하지만 우리는 아이가 무릎이 까지거나 해로운 험담의 대상이 되는 걸 방지할 수 없고, 아이가 실수하지 않도록 매번 도와줄 수도 없습니다. 아이들이 힘든 상황을 통해 하나님에게 더욱 다가가게 해 달라고 기도하세요. 그리고 주님이 보시기에 모든 유해한 것들로부터 아이를 지켜 달라고 기도하세요.

5 앞날을 지켜 주세요.

"여호와께서 너의 출입을 지금부터 영원까지 지키시리로다" (8절).

우리 아이들은 매일 선택을 해야 합니다. 아이가 성장하면서 이러한 선택의 양은 급격하게 늘어납니다. 미래에 무엇을 공부할지, 어떤 교회에 소속이 될지, 누구와 결혼을 할지, 어떤 직업을 추구할지를 결정할 때마다 주님이 우리 아이를 이끌어 달라고 기도하세요.

우리 아이가
예수님을
신뢰할 수 있기를

히브리서 10장 22~25절

기도 제목

_____

_____

_____

_____

_____

하나님 아버지, 우리 아이가 예수님을 신뢰하여 믿음으로 살 수 있도록
도와주세요.

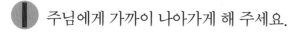 주님에게 가까이 나아가게 해 주세요.

"참마음과 온전한 믿음으로 하나님께 나아가자"(22절).

예수님의 피를 힘입어 우리가 새로운 살길로 나아가 하나님의 놀
라우신 임재 가운데로 갈 수 있게 해 주신 주님을 찬양합시다(히
10:19~20 참조). 예수님이 예비하신 길 덕분에 우리는 하나님과 동행
하는 삶을 살 수 있게 되었습니다. 당신의 아이가 주님을 묵상하고,
참된 마음으로 그분을 구하며, 하나님에게 더욱 가까이 다가갈 수
있게 해 달라고 기도하세요.

2 굳건하게 잡을 수 있게 해 주세요.

"또 약속하신 이는 미쁘시니 우리가 믿는 도리의 소망을 움직이지 말며 굳게 잡고" (23절).

잘못된 것을 추구하고 세상의 지혜를 구하는 것이 좋아 보일 때가 있습니다. 당신의 아이가 흔들림 없이 복음의 진리를 굳게 잡을 수 있게 해 달라고 기도하세요. 아이들이 하나님을 몰랐던 날을 단 하루도 기억하지 못할 만큼 놀라운 방법으로 하나님이 아이들의 삶 가운데서 함께해 달라고 기도하세요.

3 남을 생각할 수 있게 해 주세요.

"서로 돌아보아 사랑과 선행을 격려하며" (24절).

다행스럽게도 하나님은 우리에게 믿음의 공동체를 선물로 주셨습니다. 당신의 아이에게 믿음과 사랑, 선행을 실천하도록 격려를 아끼지 않는 경건한 지도자가 생기게 해 달라고 기도하세요. 아이를 위해 기도할 때에는 어떤 격려를 통해 아이들이 서로를 사랑하고 선행을 실행할 수 있을까를 고려하세요.

4 함께 모이기를 힘쓰게 해 주세요.

"모이기를 폐하는 어떤 사람들의 습관과 같이 하지 말고" (25절).

아이들이 그리스도와 함께하는 삶에 발을 들였다면 이제 필요한 것은 교회입니다. 아이들이 성장했을 때 주님의 말씀이 전해지고 복음이 선포되는 교회로 갈 수 있게 해 달라고 기도하세요. 바로 지금 아이의 마음에 교회를 깊이 사랑하는 마음이 생겨나, 남은 평생에 걸쳐 그 마음을 갖고 성장하게 해 달라고 기도하세요.

5 기대하게 해 주세요.

"오직 권하여 그날이 가까움을 볼수록 더욱 그리하자" (25절).

우리 아이들은 아직 어립니다. 하지만 시간은 늘 빨리 흘러갑니다. 아이들이 영원에 대한 올바른 시각을 갖게 해 달라고 기도하세요. 주님이 다시 오셔서 아이들을 의롭다 하실 것임을 기억해야 합니다. 그리고 살면서 시간 활용을 잘하려고 노력하는 것도 중요합니다. 아이들이 그리스도의 다시 오심에 대해 확신을 가지고 기대하게 해 달라고 기도하세요.

우리 아이가

하나님의
위대하심을
경험하기를

이사야 40장 28~31절

기도 제목

_____

_____

_____

_____

_____

하나님 아버지, 우리 아이가 주님을 알고 다음과 같은 주님을 경배할
수 있도록 도와주세요.

창조주

"너는 알지 못하였느냐 듣지 못하였느냐 … 땅 끝까지 창조하신 이" (28절).

하나님은 땅 끝까지 창조하신 분입니다. 당신의 가족이 좋아하는
동네 작은 골목까지도 그분의 작품입니다. 그러니 하나님의 형상대
로 지으심을 받은 우리의 삶에는 더욱 특별한 의미가 있습니다. 이
세상과 세상에 단 하나뿐인 아이를 지으시고 선물로 주신 하나님을
찬양합시다. 당신의 아이가 하나님을 알게 해 달라고 기도하세요.
그리고 모든 것의 주가 되시는 창조주를 경배할 수 있게 해 달라고
기도하세요.

❷ 영원하신 분

"영원하신 하나님 여호와"(28절).

하나님은 영원하신 분입니다. 시작도 없고 끝도 없으신 분입니다. 다른 우두머리들의 통치는 끝을 맞이하지만 하나님은 영원히 언제까지나 다스리십니다. 당신의 아이가 하나님을 알게 해 달라고 기도하세요. 또한 아이가 영원히 왕 되신 주님을 찬양하게 해 달라고 기도하세요.

❸ 모든 것을 아시는 분

"피곤하지 않으시며 곤비하지 않으시며 명철이 한이 없으시며"(28절).

하나님은 모든 것을 아시며 그분의 이해심은 누구도 짐작할 수 없을 만큼 깊습니다. 하나님은 이처럼 우리가 헤아릴 수 없는 분이지만, 동시에 알기 쉬운 분이기도 합니다. 성경에 자신에 대한 진실을 드러내 주신 하나님을 찬양합시다. 당신의 아이가 하나님의 말씀을 통해 그분을 아는 것에 힘쓰고, 하나님을 지식, 지혜, 이해의 원천으로 바라보게 해 달라고 기도하세요.

❹ 전능하신 분

"피곤한 자에게는 능력을 주시며 무능한 자에게는 힘을 더하시나니"(29절).

아이들의 능력에는 한계가 있습니다. 그런데도 아이들은 무언가를 책임지거나 "나 혼자 했어요!"라고 주장하고 싶어 합니다. 하지만 아이들은 금세 에너지를 다 쓰고 쉽게 피곤해져서 낙담하곤 합니다. 감사하게도 하나님은 지치지도 않고 피곤함도 모르시는 분입니다. 당신의 아이가 자신의 약함을 인정하고 하나님에게 힘을 구하는 사람이 되게 해 달라고 기도하세요. 성령님이 아이에게 힘을 주셔서 하나님에게 영광 돌리는 삶을 살게 해 달라고 기도하세요.

❺ 모든 것을 주시는 분

"오직 여호와를 앙망하는 자는 새 힘을 얻으리니"(31절).

하나님은 우리의 생존에 도움을 주겠다고 약속하셨습니다. "독수리가 날개 치며 올라감 같을 것이요 달음박질하여도 곤비하지 아니하겠고 걸어가도 피곤하지 아니하리로다"(31절). 오늘도 성실히 양육에 임하는 당신에게 새 힘을 달라고 기도하세요.

우리 아이가

하나님의 말씀을
즐거이 여기기를

시편 19편 7~12절

기도 제목

_____

_____

_____

_____

하나님 아버지, 주님의 말씀을 통해 우리 아이가 이것들을 갖게 되길
기도합니다.

 회복

"여호와의 율법은 완전하여 영혼을 소성시키며" (7절).

가정생활을 하다 보면 여러 일들이 순식간에 일어납니다. 심지어
어린 가족들도 그렇게 느낄 정도입니다. 우리는 아이들이 무슨 일을
겪고 있는지 다 알 수는 없지만 그들이 고군분투하고 있다는 것은
알 수 있습니다. 무슨 일을 만나든지 하나님의 말씀은 회복의 원천
이 됩니다. 당신의 아이가 하나님의 말씀을 사랑하게 해 달라고 기
도하세요. 또한 인생이라는 여정 속에서 아이가 다양한 계절을 겪고
갖가지 상황에 처할 때, 하나님의 말씀으로 영혼이 소생되게 해 달
라고 기도하세요.

2 기쁨

"여호와의 교훈은 정직하여 마음을 기쁘게 하고"(8절).

말씀을 통해 우리에게 즐거움을 주시는 하나님을 찬양합시다. "순금보다 더 사모할 것이며 꿀과 송이꿀보다 더 달도다"(10절). 아이들이 성경을 읽으며 기쁨을 누릴 수 있게 해 달라고 간구하세요. 예수님이 모든 페이지를 밝게 비춰 주시고, 성령님을 통해 아이들의 마음이 구원자를 기뻐할 수 있게 해 달라고 기도하세요.

3 명석함

"여호와의 증거는 확실하여 우둔한 자를 지혜롭게 하며"(7절).

우리 아이들은 삶 가운데서 수없이 많은 선택과 만나게 됩니다. 많은 경우 아이들은 무엇을 해야 할지 알지 못합니다. 그래서 때로는 잘못된 길로 가거나 생각 없이 대세를 따르려는 마음이 생기기도 합니다. 하나님이 아이의 눈을 열어 주님의 말씀 가운데 주어진 지혜와 분별, 명석함을 볼 수 있게 해 달라고 기도하세요.

4 진리

"여호와의 법도 진실하여 다 의로우니"(9절).

하나님의 말씀은 빛이 바래거나 시대에 뒤떨어지거나 하는 일이
절대 없습니다. 문화가 그 반대를 주장하고 있다고 해도 말입니다.
하나님의 진리는 확고합니다. 당신의 아이가 이 진리를 받아들이게
해 달라고 기도하세요. 또한 아이가 올바르고 참된 기준인 성경을
놓고 자신이 보거나 듣는 모든 것들을 판단할 수 있게 해 달라고 기
도하세요.

5 경고

"또 주의 종이 이것으로 경고를 받고 이것을 지킴으로 상이 크니이다"(11절).

하나님의 말씀은 지혜만 주는 것이 아닙니다. 거기에는 경고도 포
함되어 있습니다. 우리가 어떻게 살아야 할지, 어떻게 살지 말아야
할지를 알려 줍니다. 당신의 아이가 '말씀을 듣기만 하는' 사람이 아
니라 '말씀을 행하는' 사람이 되게 해 달라고 기도하세요(약 1:22 참
조). 하나님의 경고를 들을 때면 "경고를 받고 이것을 지킴으로 상이
크니이다"라는 말씀을 기억하고 기쁨을 누릴 수 있게 해 달라고 기
도하세요. 또한 아이가 하나님의 말씀을 믿고 순종할 때 아이에게
복을 내려 달라고 기도하세요.

우리 아이가
타인과 어우러지는
삶을 살기를

디도서 3장 1~2절

기도 제목

_____

_____

_____

_____

_____

하나님 아버지, 우리 아이가 공동체 안에서 이렇게 살기를 기도합니다.

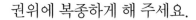 권위에 복종하게 해 주세요.

"너는 그들로 하여금 통치자들과 권세 잡은 자들에게 복종하며" (1절).

권위에 복종하는 것을 제일 먼저 훈련할 수 있는 장소는 가정입니다. 아이가 부모에게 복종하는 법을 배우면 이것은 하나님의 말씀에 복종하는 기초가 됩니다. 부모의 말과 더불어 선생님과 다른 지도자들의 말을 잘 듣는 아이가 되게 해 달라고 기도하세요.

❷ 규칙에 순종하게 해 주세요.

"순종하며"(1절).

아이들은(그리고 어른들도!) 특정한 부분에 있어서 순종하는 것을 어려워합니다. 당신의 아이에 대해 생각해 보세요. 아이가 어떤 상황에서 순종하는 것을 유난히 힘들어합니까? 아이를 위해 기도하세요. 하나님이 아이의 마음을 만지셔서 아이가 힘들어하는 부분에서도 즐겁게 순종하는 마음으로 걸어갈 수 있게 해 달라고 기도하세요.

❸ 다른 이들에게 선한 일을 행하게 해 주세요.

"모든 선한 일 행하기를 준비하게 하며"(1절).

우리는 아이들이 그저 순종하기만을 바라지는 않습니다. 우리는 아이들이 능동적으로 다른 사람들을 돌보아 주기를 소망합니다. 아이에게 도움이 필요한 사람을 발견할 수 있는 시선을 내려 달라고 기도하세요. 그리고 다른 이들에게 선한 일을 행하는 사람이 되게 해 달라고 기도하세요.

④ 친절하게 말하게 해 주세요.

"아무도 비방하지 말며 다투지 말며 관용하며" (2절).

가정 안에서 서로의 잘못을 일러바치거나 다른 가족과 언쟁을 벌이는 버릇은 쉽게 생겨납니다. 당신의 아이가 다정함과 존경심을 가지고 다른 사람(특히 형제자매들!)과 대화할 수 있게 해 달라고 기도하세요. 당신의 가정이 말다툼과 논란이 아닌, 조화로움과 평화로움을 보여 주는 가정이 되게 해 달라고 기도하세요.

⑤ 예의를 갖추게 해 주세요.

"범사에 온유함을 모든 사람에게 나타낼 것을 기억하게 하라" (2절).

한 명 한 명 모두의 삶을 가치 있게 만들어 주신 하나님을 찬양합시다. 모든 사람은 하나님의 형상대로 창조되었기 때문에 소중한 존재입니다. 당신의 아이가 모든 사람들을(그들이 어떤 사람이든 간에) 의젓하고 예의 있게 그리고 상냥하게 대하게 해 달라고 기도하세요.

우리 아이가
지혜로워지기를

잠언 13장 3~20절

기도 제목

_____

_____

_____

_____

_____

하나님 아버지, 우리 아이가 다음과 같은 것에서 더욱 지혜로운 사람이
되게 도와주세요.

 말

"입을 지키는 자는 자기의 생명을 보전하나 입술을 크게 벌리는 자에게는
멸망이 오느니라" (3절).

누구나 지혜를 구하기만 하면 거저 주시는 하나님을 찬양합시다.
특히 지혜는 우리가 말을 할 때 필요합니다. 형제자매가 싸우거나
친구끼리 말다툼을 할 때, 성급한 발언은 상대방에게 상처를 줄 수
있습니다. 당신의 아이가 다른 이들과 대화를 나누거나 문자를 주고
받고 온라인으로 소통할 때 자신의 발언을 잘 제어할 수 있게 해 달
라고 기도하세요.

❷ 일

"게으른 자는 마음으로 원하여도 얻지 못하나 부지런한 자의 마음은 풍족함을 얻느니라"(4절).

우리가 일을 어떻게 처리하는가는 중요한 문제입니다. 아이들은 종종 하기 싫은 일이 있을 때 어떻게든 시간을 줄이려고 대충 서둘러서 끝내고 싶어 합니다. 해야 하는 일이 방청소, 바닥 닦기, 학교 숙제, 혹은 무엇이든지 간에 아이들이 자신이 맡은 일을 성실히 할 수 있는 지혜를 갖게 해 달라고 기도하세요.

❸ 돈

"망령되이 얻은 재물은 줄어 가고 손으로 모은 것은 늘어 가느니라"(11절).

"돈을 사랑함이 일만 악의 뿌리가 되나니"(딤전 6:10). 아이들이 십대가 되면 돈의 위력을 이해하기 시작합니다. 그래서 부정직한 결정을 내리거나 어리석은 선택을 하는 경우가 생깁니다. 당신의 아이가 지혜로운 결정을 내리고, 돈에 있어서 하나님을 영예롭게 하는 사람이 되게 해 달라고 기도하세요.

4 판단

"선한 지혜는 은혜를 베푸나 사악한 자의 길은 험하니라 무릇 슬기로운 자
는 지식으로 행하거니와 미련한 자는 자기의 미련한 것을 나타내느니라"
(15~16절).

올바르게 판단하는 법을 배우는 데에는 오랜 시간이 걸립니다. 당
신이 매일 아이들에게 거짓으로부터 진실을, 잘못된 것으로부터 옳
은 것을 가르칠 때 아이들의 이해심이 더욱 성장하게 해 달라고 기
도하세요. 또한 아이들이 성장하는 동안에도 지식을 사용해서 현명
한 결정을 내릴 수 있게 해 달라고 기도하세요.

5 우정

"지혜로운 자와 동행하면 지혜를 얻고 미련한 자와 사귀면 해를 받느니라"
(20절).

아이들이 어릴 때는 대개 부모가 아이의 교우 관계를 관리합니다.
하지만 나이가 들면서 아이들은 시간을 함께 보낼 대상을 자신이 직
접 결정하기 시작합니다. 그러므로 아이들이 현명한 친구를 만나고,
또한 아이들의 선택에 영향을 줄 신실한 지도자를 만나게 해 달라고
기도하세요.

우리 아이가
기도로
하나님을 구하기를

마태복음 6장 6~13절

기도 제목

_____

_____

_____

_____

_____

하나님 아버지, 우리 아이가 다음과 같이 기도하는 사람이 되도록 도와
주세요.

 보는 이 없는 곳에서 기도하게 해 주세요.

"너는 기도할 때에 네 골방에 들어가 문을 닫고 은밀한 중에 계신 네 아버지
께 기도하라 은밀한 중에 보시는 네 아버지께서 갚으시리라" (6절).

비밀리에 일어나는 많은 일들은 대개 잘못된 것입니다. 하지만 기
도는 닫힌 문 뒤에서 우리를 둘러싼 세상을 축복할 수 있는 행위입
니다. 당신의 아이가 남몰래 기도하는 사람이 되어 그 기도를 통해
하나님이 주시는 풍성한 상급을 얻게 해 달라고 기도하세요.

❷ 하나님의 영광을 소망하며 기도하게 해 주세요.

"하늘에 계신 우리 아버지여 이름이 거룩히 여김을 받으시오며 나라가 임하시오며 뜻이 하늘에서 이루어진 것같이 땅에서도 이루어지이다"(9~10절).

세상 만물을 모든 방법으로 통치하시는 하나님을 찬양합시다. 자신의 모든 행동을 통해 예수님의 이름이 높임을 받도록 노력하는 아이가 되게 해 달라고 기도하세요. 또한 아이가 이것을 놓고 기도하는 사람이 되게 해 달라고 기도하세요. 하나님의 뜻이 이루어지고 하나님 나라가 임하기를 소망하는 아이가 되게 해 달라고 성령님에게 간구하세요.

❸ 일용할 양식을 구하며 기도하게 해 주세요.

"오늘 우리에게 일용할 양식을 주시옵고"(11절).

우리가 일하고 노력하기 때문에 그 결과 필요한 것을 가지게 되었다고 생각하기 쉽습니다. 아이가 하나님의 공급하심에 대해 이해하도록 돕는 방법 중의 하나는 식사 시간에 감사 기도를 드리는 것입니다. 당신의 아이가 마실 물, 먹을 음식, 쉴 수 있는 주거지 등 모든 필요를 풍족하게 채워 주시는 하나님에게 더욱 진정으로 감사하는 사람이 되게 해 달라고 기도하세요.

┗┃ 용서를 구하며 기도하게 해 주세요.

"우리가 우리에게 죄 지은 자를 사하여 준 것같이 우리 죄를 사하여 주시옵고" (12절).

우리 모두는 용서가 필요한 사람들입니다. 그리고 우리 모두에게는 다른 사람들을 용서해야 할 이유가 있습니다. 당신의 아이가 죄를 지었을 때 신속하게 하나님을 의지해서 죄를 고백하고 그분의 용서를 구하게 해 달라고 기도하세요. 아이 자신이 용서가 필요한 존재임을 기억하게 해 달라고 기도하세요. 또한 아이들이 자신에게 상처 준 사람들을 대가 없이 용서할 수 있게 해 달라고 기도하세요.

５ 유혹과 싸우며 기도하게 해 주세요.

"우리를 시험에 들게 하지 마시옵고 다만 악에서 구하시옵소서" (13절).

아이가 어릴 때는 탐나는 친구의 장난감을 빼앗는다거나 마음대로 되지 않을 때 성질을 부리고 싶다는 유혹을 받게 됩니다. 그러나 청소년이 되면 물질주의와 성적 부도덕이라는 유혹을 접하게 됩니다. 아이들이 마주하고 있는 유혹을 물리쳐 달라고 기도하세요. 아이들이 죄악과의 전투 가운데서 기도할 때 그들을 악에서부터 건져 달라고 기도하세요.

우리 아이가
모든 것에서
만족하기를

빌립보서 4장 4~13절

기도 제목

_____

_____

_____

_____

_____

하나님 아버지, 우리 아이들이 주님 안에서 기쁨을 발견하고 다음과 같이 살 수 있게 도와주세요.

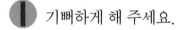 기뻐하게 해 주세요.

"주 안에서 항상 기뻐하라 내가 다시 말하노니 기뻐하라" (4절).

시간을 내어 하나님을 찬양하세요. 그분이 우리의 주님이심이, 그리고 우리를 위해 하신 모든 일들이 찬양의 이유가 됩니다. 주님 안에서 기뻐하세요! 그리고 당신의 아이가 주님을 경배하며 기뻐함으로 놀라운 환희를 경험하는 사람이 되게 해 달라고 기도하세요.

② 염려하지 말게 해 주세요.

"아무것도 염려하지 말고 다만 모든 일에 기도와 간구로, 너희 구할 것을 감사함으로 하나님께 아뢰라"(6절).

염려는 우리의 기쁨을 단숨에 앗아 갑니다. 당신의 아이는 무엇 때문에 염려하고 있나요? 운동부에 들어가고 싶다거나 시험을 잘 봐야 한다는 염려 가운데 있지는 않은가요? 아이가 기도를 통해 예수 그리스도에게로 가까이 다가가게 해 달라고 기도하세요. 그리고 아이들이 하나님의 평화를 경험할 수 있게 해 달라고 기도하세요.

③ 생각을 지키게 해 주세요.

"무엇에든지 참되며 무엇에든지 경건하며 무엇에든지 옳으며 무엇에든지 정결하며 무엇에든지 사랑받을 만하며 무엇에든지 칭찬받을 만하며 무슨 덕이 있든지 무슨 기림이 있든지 이것들을 생각하라"(8절).

우리가 오랫동안 깊게 생각하는 것들은 우리의 만족에 영향을 줍니다. 아이들은 종종 다른 친구들과 자신을 비교하거나 자신에게 없는 것에 대해 불평하면서 정신적인 에너지를 소모합니다. 아이들이 모든 생각을 그리스도에게 집중하게 해 달라고 기도하세요. 옳고 진실한, 사랑받기 합당한, 훌륭하고 칭찬받아 마땅한 생각을 품는 사람이 되게 해 달라고 기도하세요.

4 만족을 배우게 해 주세요.

"모든 일 곧 배부름과 배고픔과 풍부와 궁핍에도 처할 줄 아는 일체의 비결을 배웠노라"(12절).

우리 아이들은 풍족한 시대와 결핍의 시대를 모두 경험할 것입니다. 다행인 것은 양쪽 모두의 상황 속에서 만족이 가능하다는 것입니다. 당신의 아이가 자신이 마주할 어떠한 상황 속에서도 만족할수 있는 비결을 알게 해 달라고 기도하세요.

5 예수님을 신뢰하게 해 주세요.

"내게 능력 주시는 자 안에서 내가 모든 것을 할 수 있느니라"(13절).

만족이란 우리 자신의 힘만으로는 이룰 수 없는 것입니다. 우리는 바깥에서부터 흘러들어와 우리에게 생기를 전해 줄 외부의 근원이 필요합니다. 당신의 아이가 어떤 부분에서 만족하고 싶어 하는지 생각해 보세요. 아이들이 모든 것에서 만족하고 싶어 할 때, 자신의 힘이 아닌 하나님의 힘에 의지하는 법을 배울 수 있게 해 달라고 기도하세요.

우리 아이가

주변 사람들을
사랑하기를

고린도전서 13장 4~5절

기도 제목

_____

_____

_____

_____

하나님 아버지, 하나님의 사랑으로 우리 아이가 다른 사람들을 사랑할
수 있게 도와주세요.

너그럽게 해 주세요.

"사랑은 … 시기하지 아니하며" (4절).

그리스도 예수 안에서 우리 각자에게 사랑을 부어 주시는 하나님
을 찬양합시다! 우리가 다른 사람들을 시기한다는 것은 하나님이 선
하신 분이 아니라고 생각한다는 증거입니다. 이것은 잘못된 믿음입
니다. 당신의 아이가 하나님이 주신 위대한 선물을 이해해 다른 사
람들을 시기하지 않고 너그러운 마음으로 사랑할 수 있게 해 달라고
기도하세요.

❷ 겸손하게 해 주세요.

"사랑은 자랑하지 아니하며"(4절).

자기 자신에게만 초점을 맞춘 사람들은 자신이 받은 칭찬을 남들에게 자랑합니다. 당신의 아이는 어떤 분야에서 자부심을 내보이며 과시하고 싶어 합니까? 당신은 혹시 아이가 이끌어 낸 성과에 따라 자부심을 갖게 하거나 위축되게 하고 있지는 않습니까? 당신의 아이가 자신들이 한 일이 아닌, 하나님이 하신 일에 초점을 맞출 수 있게 해 달라고 기도하세요.

❸ 공손하게 해 주세요.

"무례히 행하지 아니하며"(5절).

우리 아이들이 다른 사람들의 말이나 행동에 의해 상처받는 것을 보는 건 힘든 일입니다. 그렇지만 그만큼 우리 아이들이 말이나 행동으로 다른 사람들을 깎아내리는 것을 보는 것 또한 힘든 일입니다. 당신의 아이가 다른 사람들을 존경하고 격려하며 사랑할 수 있게 해 달라고 기도하세요.

4 사심이 없게 해 주세요.

"교만하지 아니하며 … 자기의 유익을 구하지 아니하며"(4~5절).

어렸을 때부터 아이들은 자신의 이익만을 생각하는 경향이 있습니다. 갖고 싶은 장난감이 있으면 가져가고, 누군가 앞길을 막으면 옆으로 밀어내는 식으로 말입니다. 당신의 아이가 자신이 원하는 것보다 다른 사람들이 원하는 것을 더 우선시할 수 있게 해 달라고 기도하세요. 아이들이 행동하는 가운데 이기적이지 않고 오히려 자신을 희생하는 모습을 보이게 해 달라고 기도하세요.

5 상냥하게 해 주세요.

"성내지 아니하며 악한 것을 생각하지 아니하며"(5절).

형제자매는 상대방의 잘 나온 점수로 인해 놀라울 정도로 오랫동안 감정이 상할 수 있습니다. 아마 당신의 아이는 "불공평해!"라고 외치며 비교당하는 것 때문에 버둥거리고 있을지도 모릅니다. 아이에게 타인을 향한 풍성한 사랑을 내려 달라고 기도하세요. 아이가 쉽게 화내지 않고, 점수에 연연하기보다 배려를 보일 수 있는 사람이 되게 해 달라고 기도하세요.

우리 아이가
굳건히 맞서기를

에베소서 6장 10~17절

기도 제목

_____

_____

_____

_____

하나님 아버지, 우리 아이가 하나님이 주신 전신갑주를 입고 악의 간계
에 맞설 수 있게 도와주세요.

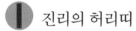 진리의 허리띠

"그런즉 서서 진리로 너희 허리띠를 띠고" (14절).

우리는 마귀가 우는 사자같이 두루 다니며 삼킬 자를 찾는다는 것
을 알고 있습니다(벧전 5:8 참조). 당신의 아이가 하나님의 진리의 말
씀을 기억하고 악의 간계에 굳건히 맞설 수 있게 해 달라고 기도하
세요.

② 의의 호심경

"의의 호심경을 붙이고 평안의 복음이 준비한 것으로 신을 신고"(14~15절).

우리가 자신의 의로움이 아닌 그리스도의 완벽한 의로움으로 무장할 수 있게 해 주신 하나님을 찬양합시다. 당신의 아이가 삶 속에서 만나는 이웃, 학교 친구, 운동부 멤버 등의 사람들과 이 좋은 소식을 나눌 수 있게 해 달라고 기도하세요.

③ 믿음의 방패

"모든 것 위에 믿음의 방패를 가지고 이로써 능히 악한 자의 모든 불화살을 소멸하고"(16절).

하나님을 믿는다는 것은 적군의 불화살에 맞서 대응할 방패를 얻는 것과 같습니다. 예수님은 이렇게 경고하셨습니다. "도둑이 오는 것은 도둑질하고 죽이고 멸망시키려는 것뿐이요 내가 온 것은 양으로 생명을 얻게 하고 더 풍성히 얻게 하려는 것이라"(요 10:10). 당신의 아이가 예수님을 믿음으로써 풍성한 삶을 알 수 있게 해 달라고 기도하세요. 그리고 아이가 적의 공격으로부터 보호받을 수 있게 해 달라고 기도하세요.

4 구원의 투구

"구원의 투구와"(17절).

우리 마음은 종종 믿음이 시험당하는 전쟁터로 돌변하기도 합니다. 우리 자신이 구원받기에는 너무 부족한 존재라고 생각할 때도 있습니다. 이렇듯 사탄이 퍼뜨리는 거짓말 때문에 우리는 삶 속에서 두려움에 사로잡히곤 합니다. 당신의 아이가 하나님이 주신 구원이라는 선물을 기억함으로써 마음을 잘 지킬 수 있게 해 달라고 기도하세요.

5 성령의 검

"성령의 검 곧 하나님의 말씀을 가지라"(17절).

하나님의 전신갑주 중 앞서 언급한 것들은 방어에 필요한 무기인데 반해서 성령의 검 하나만은 공격을 위한 무기입니다. 우리가 하나님의 말씀을 아이들 마음에 새겨 넣는다는 것은 아이들을 전쟁에 나갈 수 있게 준비시킨다는 의미입니다. 당신의 아이가 하나님의 말씀을 열심히 배우고 그 말씀의 진리를 가지고 적군의 거짓과 맞서 싸울 수 있게 해 달라고 기도하세요.

우리 자신이

하나님의 선하심을 아이와 나눌 수 있기를

시편 78편 1~7절

기도 제목

_____

_____

_____

_____

_____

주님, 제가 충실히 다음과 같은 것을 하는 부모가 될 수 있도록 도와주세요.

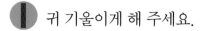 귀 기울이게 해 주세요.

"내 백성이여, 내 율법을 들으며 내 입의 말에 귀를 기울일지어다" (1절).

아이들에게 하나님에 대해 말하기 전에, 우리 자신이 먼저 그분의 가르침에 귀를 기울여야 합니다. 하나님의 말씀을 통해 어떤 방법으로 그분을 알려고 노력하고 있습니까? 주님의 진리를 사모하며 귀를 기울이는 마음을 달라고 하나님에게 간구하세요.

❷ 전하게 해 주세요.

"우리가 이를 그들의 자손에게 숨기지 아니하고 여호와의 영예와 그의 능력과 그가 행하신 기이한 사적을 후대에 전하리로다" (4절).

우리는 매일 아이들에게 많은 것들을 이야기해 줍니다. 하지만 얼마나 자주 하나님의 경이로우심에 관해 언급합니까? 아이들에게 어떤 방법으로 그분의 영광스러운 행위를 알려 주고 있습니까? 잠시 시간을 내어 선하신 하나님을 찬양하세요. 그리고 매일 가족의 일상 가운데서 그리스도의 놀라우신 능력을 알리고 하나님의 신실하심에 대해 전하게 해 달라고 기도하세요.

❸ 가르치게 해 주세요.

"법도를 이스라엘에게 정하시고 우리 조상들에게 명령하사 그들의 자손에게 알리라 하셨으니" (5절).

하나님은 우리에게 아이들을 맡기시며 말씀으로 가르치라고 명령하셨습니다. 당신은 어떤 방법으로 아이들에게 성경을 가르치고 있습니까? 하나님의 말씀을 전할 때 아이가 듣고 잘 받아들일 수 있게 해 달라고 기도하세요.

4 신뢰하게 해 주세요.

"그들로 그들의 소망을 하나님께 두며"(7절).

부모인 우리는 매일 삶으로 아이들을 가르칩니다. 우리가 기도하면서 하나님을 신뢰하고 그분에게 소망을 두면 아이들은 우리를 보고 그대로 배우게 됩니다. 어쩌면 지금 당신은 건강이나 재정 문제, 혹은 깨진 관계로 인한 걱정으로 마음이 무거울지도 모릅니다. 이 어려움 속에서도 하나님을 신뢰하겠다고 기도하세요. 그리고 가족 구성원 모두에게 모범을 보일 수 있게 해 달라고 간구하세요.

5 기억하게 해 주세요.

"하나님께서 행하신 일을 잊지 아니하고 오직 그의 계명을 지켜서"(7절).

우리의 지난날을 뒤돌아보면 신앙을 가진 사람으로서 하나님에게 감사하지 않을 수 없습니다. 하나님이 삶과 역사 속에서 행하신 일이 감사의 증거가 되기 때문입니다. 하나님이 우리의 마음을 새롭게 회복시키셔서 우리가 하나님의 영광스러운 일을 기억하며 그분의 명령에 순종할 수 있게 해 달라고 기도하세요.

우리 자신이

오래 참음과 온유함의 가정을 만들 수 있기를

골로새서 3장 12~14절

기도 제목

_____

_____

_____

_____

하나님 아버지, 주님의 은혜로 이런 가정을 세우게 해 주세요.

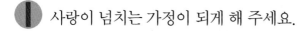 사랑이 넘치는 가정이 되게 해 주세요.

"그러므로 너희는 하나님이 택하사 거룩하고 사랑받는 자처럼" (12절).

우리를 택하시고, 구원해 주시고, 또한 진심으로 사랑해 주시는 하나님을 찬양합시다. 우리가 아이들에게 줄 수 있는 놀라운 선물 중 하나는 사랑으로 가득한 가정입니다. 아이들이 매일 당신의 사랑을 경험하면서 그로 인해 아이를 향한 하나님의 사랑 또한 맛볼 수 있게 해 달라고 기도하세요.

2 긍휼과 자비가 있는 가정이 되게 해 주세요.

"긍휼과 자비와" (12절).

아이들이 벌에 쏘이거나 마음이 다쳤을 때, 아이들은 우리의 긍휼과 자비를 느끼고 싶어 합니다. 그리스도 안에서 하나님의 선하심을 기억하면서 이 마음을 아이와 나눌 수 있게 해 달라고 기도하세요.

3 겸손이 있는 가정이 되게 해 주세요.

"겸손과" (12절).

아이들을 키울 때는 매일 하나님의 용서와 자비를 구하며 오만하지 않고 겸손한 마음으로 아이들을 양육하는 것이 중요합니다. 오늘날 무엇을 위해 하나님의 은혜를 구하고 있습니까? 그 부분에 있어 하나님에게 간구하세요. 당신 가족의 모든 구성원이 겸손한 마음으로 서로를 사랑하고, 모두가 섬김을 받기보다는 섬김을 주는 사람들이 되게 해 달라고 기도하세요.

4 온유하고 오래 참음이 있는 가정이 되게 해 주세요.

"온유와 오래 참음을 옷 입고 … 서로 용납하여" (12~13절).

가족들은 같은 차를 타고, 소파를 나눠 쓰고, 식탁에 함께 앉으며 공간을 공유합니다. 서로를 잘못된 방법으로 짜증나게 하고 좌절하게 만드는 것도 죄에 속합니다. 오늘 가족 한 사람 한 사람을 놓고 그들을 온유함과 오래 참음으로 대하게 해 달라고, 그리고 배려와 사랑의 마음으로 받아들이게 해 달라고 기도하세요.

5 용서가 있는 가정이 되게 해 주세요.

"누가 누구에게 불만이 있거든 … 피차 용서하되 주께서 너희를 용서하신 것같이 너희도 그리하고" (13절).

모든 그리스도인들은 용서받은 사람들입니다. 우리의 죄가 아무리 깊고 빈번해도 늘 용서해 주시는 하나님을 찬양합시다. 당신과 가족이 서로에게 잘못을 저질렀을 때, 주저하지 않고 고백하며 하나님이 보이신 사랑의 용서를 똑같이 보일 수 있게 해 달라고 기도하세요.

우리 자신이
하나님을 신뢰하며
아이를 맡길 수 있기를

시편 27편

기도 제목

_____

_____

_____

_____

하나님 아버지, 이런 부모가 될 수 있게 도와주세요.

❶ 주님을 신뢰하는 부모가 되게 해 주세요.

"여호와는 나의 빛이요 나의 구원이시니 내가 누구를 두려워하리요"(1절).

부모를 위한 각종 조언들이 넘쳐남에도 불구하고 육아에 관한 결정을 내려야 할 때면 자신감은 사라지고 두려움이 밀려옵니다. 우리에게 부족한 지혜를 모두 가지고 계시며 우리의 길을 밝히 비추시는 하나님을 찬양합시다. 오늘날 당신이 아이에 관한 어떠한 두려움이 있든지 간에 주님을 겸허히 신뢰할 수 있는 영을 주시길 기도하세요.

2 매일 주님을 구하는 부모가 되게 해 주세요.

"내가 여호와께 바라는 한 가지 일 그것을 구하리니 곧 내가 내 평생에 여호와의 집에 살면서 여호와의 아름다움을 바라보며" (4절).

우리 아이들의 문제에 있어서 주님을 신뢰하는 방법이 하나 있습니다. 그것은 바로 아이와 우리의 관계가 인생에서 가장 중요한 것은 아님을 기억하는 것입니다. 아이들의 요구나 일정을 우리 삶의 중심에 두고 싶을 때가 많습니다. 하지만 가장 중요한 것은 주님과 시간을 보내는 것입니다. 다른 무엇보다 주님을 구하게 해 달라고 기도하세요.

3 감사의 제사를 드리는 부모가 되게 해 주세요.

"내가 그의 장막에서 즐거운 제사를 드리겠고" (6절).

하나님은 우리를 "산 제물" (롬 12:1)이라고 부르셨습니다. 그리고 부모가 된다는 것은 희생을 요구하는 일임이 분명합니다. 인생의 많은 날들을 순전히 기쁨으로만 채운다는 것은 힘든 일입니다. 불만스럽고 불평하고 싶은 부분을 고백하는 시간을 가지세요. 오늘날 헌신적으로 가족을 돌볼 때 기쁨과 찬양의 마음을 달라고 간구하세요. 하나님은 당신이 하는 모든 헌신을 보고 당신의 가족을 위해 그 헌신을 올바로 사용하신다는 것을 신뢰하세요.

4 주님에게 기도로 간구하는 부모가 되게 해 주세요.

"여호와여 내가 소리 내어 부르짖을 때에 들으시고 또한 나를 긍휼히 여기사 응답하소서"(7절).

아이들을 주님에게 맡기는 가장 훌륭한 방법은 바로 기도하는 것입니다. 아이를 떠올려 보세요. 어떤 걱정이 자리 잡고 있습니까? 당신이 아이를 양육할 때 주님이 좀 더 자비를 베풀어 주시길 간구하세요.

5 주님의 때를 신뢰하는 부모가 되게 해 주세요.

"너는 여호와를 기다릴지어다 강하고 담대하며 여호와를 기다릴지어다"(14절).

아이의 구원에 대해서 하나님을 신뢰하는 것은 어려운 일입니다. 어쩌면 당신은 지난 몇 년간 아이의 마음속에서 하나님의 영이 일하고 계시다는 신호를 기다려 왔거나, 혹은 특별한 방법으로 구원의 돌파구를 마련해 주시길 고대했을지도 모릅니다. 하나님이 당신의 마음에 힘을 주셔서 주님의 때를 신뢰할 수 있게 해 달라고 기도하세요. 인내심을 갖고 아이들에게 그리스도를 전하며, 그들을 대신해 기도로 싸울 수 있는 힘을 달라고 기도하세요.

훗날 나의 아이가
실망, 상실, 상처로
고통 받을 때

로마서 5장 1~5절

기도 제목

_____

_____

_____

_____

하나님 아버지, 우리 아이가 고통을 받을 때 도와주세요.

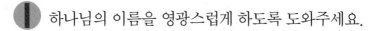 하나님의 이름을 영광스럽게 하도록 도와주세요.

"하나님의 영광을 바라고 즐거워하느니라 다만 이뿐 아니라 우리가 환난 중
에도 즐거워하나니" (2~3절).

아이가 고통 받기를 바라는 부모는 아무도 없습니다. 그렇지만 주
님은 아이들이 겪는 여러 가지 고통, 즉 중이염이나 상처를 주는 소
문, 학업의 어려움, 부당한 대우 같은 상황 가운데서도 선한 것을 이
루실 수 있는 분입니다. 오직 주님만을 바라보며 고통 가운데서도
그분의 이름을 영광스럽게 하는 아이가 되게 해 달라고 기도하세요.

2 견딜 수 있도록 도와주세요.

"환난은 인내를 … 이루는 줄 앎이로다" (3~4절).

아이가 어른이 되면 구직에 어려움을 느끼거나, 힘든 결혼 생활을 하거나, 혹은 원치 않는 질병을 마주하게 될지도 모릅니다. 우리는 아이의 나이와 상관없이 계속 사랑할 것이며, 이것은 아이들이 고통 받을 때 우리 역시 고통 받는다는 것을 의미합니다. 지금 현재 아이들이 삶 속에서 겪고 있는 고통이 미래에 아이들에게 더욱 큰 인내심을 줄 수 있게 해 달라고 기도하세요. 또한 아이들이 성장하는 동시에 우리 자신 또한 성장하게 해 달라고 기도하세요.

3 연단 받을 수 있도록 도와주세요.

"인내는 연단을 … 이루는 줄 앎이로다" (4절).

아주 조금의 고통도 헛되이 쓰지 않으시는 하나님을 찬양합시다. 하나님은 우리를 예수님의 형상으로 이끌기 위해 무엇이든 하겠다고 약속하고 계십니다. 고통 속에서 아이가 그리스도의 연단을 떠올릴 수 있게 해 달라고 기도하세요. "고난을 당하시되 위협하지 아니하시고 오직 공의로 심판하시는 이에게 부탁하시며" (벧전 2:23).

4 소망을 갖도록 도와주세요.

"연단은 소망을 이루는 줄 앎이로다"(4절).

고통이 비통과 절망으로 끝나지 않게 하시는 하나님을 찬양합시다. 그리스도 안에서 고통은 희망으로 끝을 맺습니다. 어려움 가운데서도 아이가 소망으로 가득 찰 수 있게 해 달라고 기도하세요. 하나님은 슬픔 가운데 있는 우리 아이와 함께 걷고, 그들의 아픔을 위로하시며, 훗날 그들의 눈에 있는 모든 눈물을 닦아 주실 것임을 기억하세요.

5 기억하도록 도와주세요.

"우리에게 주신 성령으로 말미암아 하나님의 사랑이 우리 마음에 부은바 됨이니"(5절).

하나님은 고통 받는 자식을 보는 심정이 어떤지를 잘 아시는 분입니다. "하나님의 사랑이 우리에게 이렇게 나타난바 되었으니 하나님이 자기의 독생자를 세상에 보내심은 그로 말미암아 우리를 살리려 하심이라"(요일 4:9). 하나님은 우리를 이처럼 사랑하셔서 자신의 독생자를 주시어 우리 대신 고통 받게 하셨습니다. 성령이 당신의 마음을 위로하시고 아이의 삶에 치유와 소망을 주시기를 기도하세요.

훗날 나의 아이가
친구를 사귈 때

잠언

기도 제목

_____

_____

_____

_____

_____

하나님 아버지, 우리 아이가 친구를 사귈 때 도와주세요.

 지혜롭게 선택할 수 있도록 도와주세요.

"의인은 그 이웃의 인도자가 되나" (12:26).

아이들은 주변에 있는 사람들에게 쉽게 영향을 받습니다. 하나님이 아이에게 지혜를 주셔서 어렸을 때부터 친구를 잘 사귈 수 있게 해 달라고 기도하세요. 또한 아이의 신앙생활을 격려하고 좋은 결정을 내리는 데 도움을 주는 친구를 만나게 해 달라고 기도하세요.

② 주의를 기울여 말하도록 도와주세요.

"패역한 자는 다툼을 일으키고 말쟁이는 친한 벗을 이간하느니라" (16:28).

험담이나 모진 말은 사람을 괴롭게 합니다. 특별히 십 대라면 더욱 그렇습니다. 당신의 아이가 말을 조심히 하게 해 달라고 기도하세요. 사람을 갈라놓는 말이 아닌, 우정에 도움이 되고 관계를 깊게 하는 말을 하게 해 달라고 기도하세요. 또한 아이 주변에 부드럽게 배려하며 대화하는 친구들이 많이 생기게 해 달라고 기도하세요.

③ 끊임없이 사랑하도록 도와주세요.

"친구는 사랑이 끊어지지 아니하고" (17:17).

아이들은 우리가 줄 수 있는 것보다 더 많은 사랑을 필요로 합니다. 그래서 하나님은 아이들의 삶에 친구라는 존재를 준비해 주셨습니다. 그런 하나님을 찬양합시다. 당신의 아이가 친구들이 어떤 상황에 있든지 곁을 지켜 주는, 사랑이 넘치고 의리 있는 사람이 되게 해 달라고 기도하세요.

4 충실히 따르도록 도와주세요.

"많은 친구를 얻는 자는 해를 당하게 되거니와 어떤 친구는 형제보다 친밀하니라" (18:24).

우리를 혼자 내버려두지 않으시고 교회 안에서 믿음을 가진 다른 사람들을 만나게 하신 하나님을 찬양합시다. 당신의 아이가 장성해서 집을 떠날 때, 그들이 교회 안에서 공동체를 경험하며, 신실하고 가족 같은 친구를 찾을 수 있게 해 달라고 기도하세요.

5 평화롭게 지내도록 도와주세요.

"노를 품는 자와 사귀지 말며 울분한 자와 동행하지 말지니 그의 행위를 본받아 네 영혼을 올무에 빠뜨릴까 두려움이니라" (22:24~25).

어떤 관계는 해를 끼칩니다. 당신의 아이가 자신을 나쁜 길로 인도하는 친구들을 피할 수 있게 해 달라고 기도하세요. 또한 아이가 욱하는 기질을 가졌거나 주변에 화를 쏟아 내는 친구들을 멀리할 수 있게 해 달라고 간구하세요.

훗날 나의 아이가
변화와 불확실함,
두려움을 경험할 때

여호수아 1장 8~9절

기도 제목

_____

_____

_____

_____

_____

하나님 아버지, 우리 아이가 변화와 불확실함, 두려움을 경험할 때 도
와주세요.

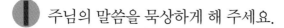 주님의 말씀을 묵상하게 해 주세요.

"이 율법책을 네 입에서 떠나지 말게 하며 주야로 그것을 묵상하여" (8절).

이사나 전학을 가는 건 아이에게 힘든 일입니다. 아이들은 반복되
는 일상에서 안정감을 얻기 때문입니다. 그러니 당신이 어디에 가든
지 하나님의 말씀이 닻이 되게 해 달라고 기도하세요. 그래서 가족
모두가 밤낮으로 묵상하며 위안을 얻게 해 달라고 기도하세요.

2 주님의 말씀에 순종하게 해 주세요.

"그 안에 기록된 대로 다 지켜 행하라"(8절).

사람이 두려움을 느끼면 종종 그릇된 선택을 하게 됩니다. 십 대 아이들이 자신의 외모, 친구 관계, 성적에 대해 걱정하며 불안해하다 보면 어울리지 않게 옷을 입는다거나, 무리에 휩쓸려 다닌다거나, 혹은 시험 때 부정행위를 시도하려는 경우가 생기기도 합니다. 당신의 아이가 옳은 것을 갈망하게 해 달라고 기도하세요. 또한 다른 사람들의 지지를 잃는다고 해도 하나님에게 순종할 수 있게 해 달라고 기도하세요.

3 형통하게 해 주세요.

"그리하면 네 길이 평탄하게 될 것이며 네가 형통하리라"(8절).

아이의 미래에 대해 생각하면 누구나 두려움을 느낍니다. '성적이 좋지 않은데 좋은 직장을 구할 수 있을까?', '내가 아이들에게 재정적으로 도움을 주지 못하면 어떡하지?', '이러한 변화가 아이에게 일생의 상처가 되면 어쩌지?' 등의 걱정을 하게 됩니다. 하나님이 훗날 당신의 아이에게 번영과 성공을 주시기를 기도하세요. 그리고 그 번영과 성공이 더 많지도 않고 적지도 않게, 아이들의 영혼에 유익할 만큼이 되기를 기도하세요(잠 30:8~9 참조).

ㄐ 강하고 담대하게 해 주세요.

"강하고 담대하라 두려워하지 말며 놀라지 말라" (9절).

아이들은 두려움을 느낄 때 자기도 모르게 눈을 가리고 무서움에 등을 움츠리는 반응을 보입니다. 점점 나이가 들면서 반응은 다르게 나타날지 모르지만 본능은 그대로입니다. 현재 아이에게 불안감을 유발하는 요인은 무엇인가요? 당신의 아이가 강하고 담대하게 되어 이러한 두려움에 맞설 수 있게 해 달라고 기도하세요.

5 주님이 함께하심을 굳게 믿게 해 주세요.

"네가 어디로 가든지 네 하나님 여호와가 너와 함께하느니라 하시니라" (9절).

아이들이 어디에 가든지 항상 함께하시는 하나님을 찬양합시다. 우리에게는 동시에 여러 곳에 존재할 수 있는 능력이 없습니다. 하지만 하나님은 어디에나 계시며, 실족하지도 않고 주무시지도 않으십니다. 당신의 아이가 변화와 불안정한 상황 속에서도 하나님이 함께하신다는 것에서 오는 안정감을 경험할 수 있게 해 달라고 기도하세요.

훗날 나의 아이가
외로울 때

시편 16편

기도 제목

_____

_____

_____

_____

하나님 아버지, 우리 아이가 외로울 때 아이를 도와주세요.

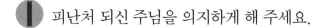 피난처 되신 주님을 의지하게 해 주세요.

"하나님이여 나를 지켜 주소서 내가 주께 피하나이다 내가 여호와께 아뢰되 주는 나의 주님이시오니 주밖에는 나의 복이 없다 하였나이다" (1~2절).

아이들이 외로움을 느끼는 이유는 다양합니다. 처음으로 학교에 가거나 여름 캠프에 가는데 아는 사람이 아무도 없다면 그럴 수 있습니다. 친구들이 많이 있기는 하지만 그 안에서 혼자 고립되고 다른 친구들과 다르다고 느껴도 그럴 수 있습니다. 당신의 아이가 외로움을 느낄 때 피난처 되신 하나님을 의지하고 그분의 선하심을 기억할 수 있게 해 달라고 기도하세요.

2 동료를 찾을 수 있게 해 주세요.

"땅에 있는 성도들은 존귀한 자들이니 나의 모든 즐거움이 그들에게 있도다"(3절).

우리의 외로움에 마음을 쓰셔서 교회를 통해 믿음의 가족을 주신 하나님을 찬양합시다. 당신의 아이가 교회에서 외로움을 덜어 줄 믿음의 친구를 찾을 수 있게 해 달라고 기도하세요.

3 그릇된 친구를 피할 수 있게 해 주세요.

"다른 신에게 예물을 드리는 자는 괴로움이 더할 것이라 나는 그들이 드리는 피의 전제를 드리지 아니하며 내 입술로 그 이름도 부르지 아니하리로다"(4절).

외로움을 느끼는 아이들은 소속감을 느끼기 위해 무리에 휩쓸려 따라다니곤 합니다. 당신의 아이가 하나님이 원치 않으시는 삶을 사는 사람들과 함께 걷지 않도록 결단의 마음을 갖게 해 달라고 기도하세요.

⁴ 주님의 충고를 구하게 해 주세요.

"나를 훈계하신 여호와를 송축할지라 밤마다 내 양심이 나를 교훈하도다"
(7절).

당신의 아이가 외로움 속에서도 하나님을 찬양하고, 주님의 충고
에 감사할 수 있는 아이가 되게 해 달라고 기도하세요. 또한 그들이
외로움 가운데서 하나님을 구할 때 위로와 지혜, 목표를 발견할 수
있게 해 달라고 기도하세요.

⁵ 주님의 임재를 기뻐하게 해 주세요.

"주께서 생명의 길을 내게 보이시리니 주의 앞에는 충만한 기쁨이 있고 주
의 오른쪽에는 영원한 즐거움이 있나이다"(11절).

주님의 임재 안에는 영원히 마르지 않는 기쁨의 샘이 있습니다.
때로는 외로움 때문에 그리스도에게 다가간 아이가 오히려 더 풍성
한 삶을 경험하게 되기도 합니다. 당신의 아이가 생명의 길을 따를
수 있게 해 달라고 기도하세요. 그리고 그 어떤 관계보다 하나님과
의 관계를 통해 만족을 얻을 수 있는 아이가 되게 해 달라고 기도하
세요.

훗날 나의 아이가
어려운 결정을
내려야 할 때

빌립보서 1장 9~11절

기도 제목

_____

_____

_____

_____

_____

하나님 아버지, 우리 아이가 힘든 결정의 순간을 지날 때 도와주세요.

 기도하게 해 주세요.

"내가 기도하노라" (9절).

아이들이 자라 십 대가 되어 결정의 순간을 마주하면 그들은 쉽게 인간의 지혜와 조언을 의지합니다. 당신의 아이가 인생에서 중대한 결정을 내릴 때 제일 먼저 하나님의 도움을 구하며 기도로 시작할 수 있게 해 달라고 기도하세요.

❷ 주님의 방법을 사모하게 해 주세요.

"너희 사랑을 … 점점 더 풍성하게 하사"(9절).

분별력은 하나님과의 관계에서 기인합니다. 당신의 아이가 매년 성장하면서 하나님을 향한 깊은 사랑을 가질 수 있게 해 달라고 기도하세요. 무언가를 놓고 결정하는 데 있어서 하나님과 주변 사람에 대한 사랑이 가장 중요한 이유가 되게 해 달라고 기도하세요. 또한 아이가 하나님의 말씀을 사모할 수 있게 해 달라고 기도하세요. "내 눈을 열어서 주의 율법에서 놀라운 것을 보게 하소서"(시 119:18).

❸ 통찰력으로 가득하게 해 주세요.

"지식과 모든 총명으로"(9절).

당신의 아이가 자신의 강함과 약함이 무엇인지 잘 파악하고, 다른 사람과 무엇보다도 하나님에 대해 풍부한 이해와 지식을 갖게 해 달라고 기도하세요. 아이들이 성경 구절을 암송하고 성경을 읽으며 찬양을 부를 때, 이로 인해 훗날 자신을 이끌어 줄 지혜가 생기고 통찰력이 자라나게 해 달라고 기도하세요.

4 선한 것을 분별하게 해 주세요.

"너희로 지극히 선한 것을 분별하며 또 진실하여 허물없이 그리스도의 날까지 이르고"(10절).

아이들은 앞으로 살면서 중대한 결정들을 많이 내리게 될 것입니다. 당신의 아이가 어떻게 살고 무엇을 믿을지 결정할 때 자신의 나이가 가진 지혜보다 더 깊은 지혜로 선한 것을 분별할 수 있게 해 달라고 기도하세요. 또한 아이가 그리스도의 다시 오심을 기억하며 영원한 진리에 중점을 두고 결정을 내리게 해 달라고 기도하세요.

5 하나님에게 영광을 돌리게 해 주세요.

"예수 그리스도로 말미암아 의의 열매가 가득하여 하나님의 영광과 찬송이 되기를 원하노라"(11절).

예수 그리스도를 통해 아이들에게 의로움을 부어 주시는 하나님을 찬양합시다! 아이가 하나님을 경배하며 모든 것에서 하나님에게 영광 돌리는 삶을 소망하게 해 달라고 기도하세요. 아이들이 내리는 결정으로 하나님을 드높일 수 있게 해 달라고 간구하세요.

훗날 나의 아이가
어른이 되었을 때

예레미야 29장 11~13절

기도 제목

_____

_____

_____

_____

_____

하나님 아버지, 훗날 우리 아이가 성장했을 때 다음과 같은 것을 주시
길 기도합니다.

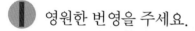

영원한 번영을 주세요.

"여호와의 말씀이니라 너희를 향한 나의 생각을 내가 아나니 평안이요" (11
절).

우리의 아이에 대해 계획을 세우시며 그 계획을 모두 아시는 하나
님을 찬양합시다. 아이의 인생은 무작위가 아닙니다. 오히려 성경
말씀과 같습니다. "나를 위하여 정한 날이 하루도 되기 전에 주의 책
에 다 기록이 되었나이다" (시 139:16). 하나님이 믿음, 소망, 사랑이라
는 영원한 재물로 아이를 번성하게 해 달라고 기도하세요.

② 영원한 보호를 주세요.

"재앙이 아니니라" (11절).

우리의 아이들이 살게 될 미래에 대해 걱정하는 것은 당연한 일입니다. 이 두려움을 주님에게 맡기고 하나님이 아이를 신체적으로, 영적으로 보호해 주시기를 기도하세요. 하나님이 아이를 온갖 해로움에서 건지시고 의의 길로 이끌어 주시기를 기도하세요.

③ 희망이 가득한 가정을 주세요.

"희망을 주는 것이니라" (11절).

아이들의 미래는 결혼 여부, 그리고 배우자의 성향에 따라 많은 영향을 받습니다. 아이가 결혼을 계획한다면 주님을 사랑하고, 신실하고, 열심히 일하며, 외로운 자를 집으로 초대할 줄 알고, 자녀를 주님 안에서 양육할 배우자를 만나게 해 달라고 기도하세요. 아이들의 결혼 여부와 상관없이 그들의 가정이 복음의 소망이 울려 퍼지는 은혜와 경건함의 장소가 되게 해 달라고 기도하세요.

4 축복의 미래를 주세요.

"미래와"(11절).

당신의 가족으로부터 나올 후대의 아이들을 위해 기도하세요. 그리고 가능하다면 미래의 손주와 증손자들이 주님을 사랑하고 성령으로 나아가는 사람이 되게 해 달라고 기도하세요. 그들이 풍성한 복을 받고 많은 사람들에게 복된 존재가 되게 해 달라고 기도하세요.

5 그리스도와의 교제를 주세요.

"너희가 내게 부르짖으며 내게 와서 기도하면 내가 너희들의 기도를 들을 것이요 너희가 온 마음으로 나를 구하면 나를 찾을 것이요 나를 만나리라"(12~13절).

우리는 다른 무엇보다도 아이들이 예수님과의 교제 안에서 자라나는 것을 소망합니다. 훗날 당신의 아이가 주님을 부르짖으며 말씀을 사모하고 매일 그분을 구하는 삶을 살게 해 달라고 기도하세요. 주님의 이름을 부르짖는 모든 음성에 귀 기울이시는 하나님을 찬양합시다!